Federn einheimischer Vögel

1 Grünspecht; **2** Buntspecht; **3** Rebhuhn; **4** Fasan; **5** Elster; **6** Eichelhäher; **7** Waldohreule; **8** Schleiereule.

Im Wald kann man häufig Mauserfedern von Greifvögeln entdecken, an Gewässern im Hochsommer Mauserfedern von Wasservögeln. Verunglückte Tiere finden sich leider häufig an Straßen (und Hochspannungsleitungen).

Richarz / Limbrunner

Tier
spuren

KOSMOS

Zu diesem Buch

Für unsere jagenden Vorfahren war das Spurenlesen noch eine Überlebensfrage. In Perfektion wird diese Fähigkeit heute nur noch von den letzten, von der Jagd lebenden Naturvölkern beherrscht. Weil viele Tiere ihre Aktivitäten erst in den Abend- oder Nachtstunden entfalten oder einfach besonders heimlich bzw. scheu sind, ist man für ihren Nachweis oft auf die Auswertung von Spuren angewiesen. Während Jäger und Förster durch das Spurenlesen etwas über Wechsel und Einstände der Wildtiere oder ihren Verbiß erfahren, liefern Tierspuren dem Biologen oft wichtige und entscheidende Hinweise über das Verhalten oder die Nahrungswahl ihres Erzeugers.

Spurenlesen ist oft eine besonders schonende Form der Naturbeobachtung. Trotzdem sollte der Naturfreund auch hierbei die Spielregeln und (Naturschutz-) Gesetze beachten. Nester und andere Lebensstätten dürfen beispielsweise während der Brut- und Aufzuchtzeit nicht gestört werden. Auch dürfen die Nist- und Zufluchtsstätten geschützter Tierarten ebensowenig der Natur entnommen werden wie alle ihre Entwicklungsformen. Dies und die besondere Rücksichtnahme in Naturschutzgebieten sowie die Einhaltung spezieller Schutzvorschriften sollten für alle Naturfreunde selbstverständlich sein.

Fraßspuren

An Bäumen, Sträuchern, Kräutern, Früchten und Wurzeln lassen sich vielfältige Fraßspuren von Pflanzenfressern entdecken. Scher- und Erdmäuse benagen den Wurzelbereich. An der Rinde von Bäumen und Sträuchern finden sich in fast allen Höhen Fraßspuren. Dicht am Boden nagen Mäuse, Hasen und Kaninchen. Hirsche und Rehe kommen höher hinauf. Nagespuren an Zweigen stammen oft von Rötelmäusen, Eichhörnchen oder Siebenschläfern, während Spechte Hack- und Ringelspuren hinterlassen. An krautigen Pflanzenteilen finden sich Fraßstellen von Raupen, Schnecken und Käfern. Auch bei Fraßspuren an Obst und Früchten kann man auf den Erzeuger kommen. Vögel hinterlassen oft Pickspuren, Säugetiere verschieden breite Zahnmarken ihrer Schneidezähne im Fruchtfleisch. An hartschaligen Früchten wie Haselnüssen und Eicheln wird die Technik des Öffnens deutlich. Bei von Eichhörnchen geöffneten Nußschalen zeigt sich sogar, ob es sich um einen „Nußknacker" mit oder ohne Erfahrung handelte.

Auch an der Art der Bearbeitung von Zapfen läßt sich feststellen, ob Spechte, Kreuzschnäbel, Eichhörnchen oder Mäuse am Werk waren. Viel seltener als die Spuren der Pflanzenfresser sind die Hinterlassenschaften von Beutegreifern zu finden. Anhand der Beutereste, ihres Zustandes und der Fundumstände lassen sich auch hier die Verursacher ermitteln.

Gewölle
Ganz wichtige Spuren sind die Gewölle der Greifvögel und Eulen. Das Vorkommen mancher seltenen und heimlichen Kleinsäuger ist allein über die gründliche Analyse von Eulengewöllen nachgewiesen. Auch andere Vogelarten würgen unverdauliche Nahrungsreste als Speiballen aus und hinterlassen so ihre Speisekarte.

Losung und Kot
Die kleinen oder größeren Hinterlassenschaften lassen sich als Visiten- und Speisekarte oft gleichermaßen gut lesen.

Nester und Tierbaue
Viele Tiere legen Baue oder Nester zum Verstecken, zur Jungenaufzucht, als Nahrungslager oder zum Winterschlaf an. Bei Bau und Ausgestaltung ihrer Wohnungen hinterlassen die „Bauherren" oft ihre typische Handschrift. Gar nicht selten ziehen „Nach- und Untermieter" in Tierbauten ein. Viele der tierischen Mieter sind auf die Kunst der Erbauer angewiesen. Manche ersparen sich auch nur die „Dreckarbeit". Baumeister, wie z. B. die Spechte, haben ein großes Gefolge von Nachmietern. Tierische Mitbewohner hinterlassen Spuren im Haus. Sie stellen zwar gelegentlich unsere Toleranz auf die Probe, sind aber (fast) immer eine Bereicherung des Wohnumfeldes.

Trittsiegel und Fährten
Aus ihren Fußspuren läßt sich einiges über Tiere herauslesen, von den Gangtypen (s. Klappen) bis zu den Gangarten. Um den Verursacher zu ermitteln, sollte die Spur in allen Einzelheiten vermessen und skizziert werden.

Körperpflege
Auch beim Putz- und Reinigungsverhalten mancher Tierarten bleiben interessante Spuren zurück: Suhlen, Scheuer-, Fegebäume oder „Huderpfannen". Während Schlangenhäute, Larvenhäute von Libellen oder Freßgrübchen von Kaulquappen echte Hinterlassenschaften sind, handelt es sich beim Amphibienlaich genaugenommen nicht um Spuren, sondern um die Tiere selbst. Trotzdem werden einige Laichtypen in dem Naturführer mitbehandelt. Anhand ihrer Formen und Laichorte läßt sich der Erzeuger (die Elternart) bestimmen.

Rothirsch
Schälung

Kennzeichen: Abgehobelte Rinde mit deutlichen Furchen auf der Stammoberfläche, in Schräg- und Längsrichtung zum Stamm.
Vorkommen: Nadel- und Laubbäume in Wäldern.
Wissenswertes: Wie alle Wiederkäuer hat der Rothirsch nur im Unterkiefer Schneidezähne; im Oberkiefer werden sie durch eine harte Hornplatte ersetzt. Im Winter, wenn die Rinde auf dem Holz fest sitzt, wird das Schälen zum Abhobeln mit deutlich zurückbleibenden Zahnmarken. Dagegen löst sich bei der „Sommerschälung" während der Wachstumsphase der Bäume die „lose" sitzende Rinde in ganzen Streifen. An Höhe und Größe der Schälung lassen sich die beteiligten Wildarten unterscheiden.

Reh
Verbiß

Kennzeichen: Nadelbaum mit „Fußsack"; der untere, kegelförmige Teil wirkt wie mit einer Heckenschere zurechtgeschnitten.
Vorkommen: Vor allem in Altersklassewäldern auf Jungwuchsflächen, auf Naturverjüngungen ohne Kulturzäune.
Wissenswertes: Neben dem Schälen der Rinde werden Holzpflanzen von den Hirscharten durch Abäsen der Triebspitzen auch „verbissen". In Gebieten mit hoher Rotwild- oder Rehwilddichte werden Bäume und Büsche durch häufiges Verbeißen in ihrem Wachstum nachhaltig gestört, es entstehen sogenannte Nestformen. Für einen gesunden Wald sind angepaßte Schalenwildbestände erforderlich. Rehe leben auch außerhalb des Waldes in der offenen Landschaft.

Wildkaninchen
Verbiß

Kennzeichen: Im Winter großflächige Nagespuren im unteren Teil von kleineren Bäumen und Sträuchern. Zahnmarken im Holz, die aussehen, als ob ein Tier mit vier schmalen Zähnen im Oberkiefer und zwei breiten Zähnen im Unterkiefer am Werk gewesen wäre. Oft typische Kotpillen am Nageort.
Vorkommen: Im Wald, am Waldrand, in Feldgehölzen, Parkanlagen und in Gärten.
Wissenswertes: Die Nagespuren von Wildkaninchen und Feldhase sind kaum unterscheidbar. Sicherstes Erkennungsmal sind die herumliegenden Kotpillen (S. 32/33). Beide Schneidezähne im Oberkiefer besitzen eine tiefe Längsfurche, die in der Zahnspur einen schmalen Rindenstreifen hinterläßt, wie vier Zähne aussehend.

Rötelmaus
Fraßbild

Kennzeichen: Große Teile von größeren Ästen und Stämmen völlig entrindet, wie gebleicht wirkend, weithin leuchtend; am Boden viele kleine Rindenstücke.
Vorkommen: Vor allem im Wald im Frühjahr.
Wissenswertes: Rötelmäuse fressen den inneren Teil der lebenden Rinde, den Bast. Die äußere Korkschicht ist Abfall. Neben Laubbäumen auch Benagen von Nadelbäumen. Ihre Nahrung besteht sonst aus Kräutern, Gräsern, Pilzen, Moosen, Sämereien, Wurzeln und Insekten. Auch Sammeln von Vorräten und Ausräubern von Kleinvogelnestern am Boden. Bei hoher Populationsdichte der Rötelmäuse können erhebliche forstliche Schäden durch Benagen von Jungbäumen entstehen.

Biber
Fraßspur

Kennzeichen: Etwa 0,5 m über dem Boden (bei dikkem Stamm) von allen Seiten sanduhrförmig benagter Baum und zahlreiche Holzspäne von ca. 4 cm Breite und 10 cm Länge am Stammfuß.
Vorkommen: In Auwäldern, entlang von Fließgewässern, immer in Wassernähe.
Wissenswertes: Während im Sommer Biber von Wasser- und Sumpfpflanzen, Blättern sowie Zweigen leben, verzehren sie im Winter hauptsächlich Rinde. Dazu und zum Bau ihrer Burgen und Dämme (S. 43) fällen sie Bäume, die ab einer bestimmten Dicke rundseitig, sonst einseitig benagt werden. Von den gefällten Bäumen werden die Zweige abgebissen und als Wintervorrat ins Gewässer und den Bau geschleppt.

Eichhörnchen
Fraßplatz mit Zapfenresten

Kennzeichen: Am Boden oder auf Baumstrunk herumliegende Zapfenspindeln, die „unordentlich" zerfranst aussehen; an der Spitze mit stehengelassenem Schuppenschopf; abgerissene Schuppen daneben.
Vorkommen: Wälder, Parks mit Nadelbäumen.
Wissenswertes: Das Eichhörnchen beißt die Zapfen zunächst vom Zweig ab und setzt sich dann zum Verzehr auf einen Ast oder Baumstubben. Beim Benagen hält es den Zapfen mit den Vorderfüßen schräg und dreht ihn ständig. Beginnend am basalen Teil, werden die Samenschuppen mit den Zähnen ganz ausgerissen. Die oberen sterilen Schuppen bleiben unberührt. Dagegen nagen Mäuse die Schuppen sorgfältig ab.

Buntspecht
Schmiede

Kennzeichen: Spalte oder Loch in Baumstämmen, -ästen oder Astgabeln mit eingeklemmten Zapfen (hier Kiefernzapfen bearbeitet). Unter eigens gezimmerten Schmieden oft große Mengen entleerter Zapfen, auch Nüsse und Obstkerne.
Vorkommen: Im Revier des Buntspechts an Laub-, Nadel-, Obstbäumen oder Baumstümpfen.

Wissenswertes: Der Buntspecht benutzt drei Arten von Schmieden: Neben Klemmschmieden in natürlichen Rissen und Löchern gibt es Gabelschmieden in Astzwieseln und selbstgehackte Nischenschmieden (im Bild = Werkzeuggebrauch und -herstellung!). Durch Zerhacken und Herausreißen der Schuppen Herausholen der Samen.

Grünspecht
Geöffneter Waldameisenhaufen

Kennzeichen: Waldameisenhaufen, in den ein bis 75 cm tiefer Gang gehackt ist.
Vorkommen: Vor allem an Waldrändern oder in Wäldern an Wegrändern, im Winter.
Wissenswertes: Neben dem Wendehals ist der Grünspecht unter den einheimischen Spechten der ausgeprägteste Spezialist für Ameisen. Er schlägt mit dem Schnabel trichterförmige Löcher in Ameisennester und weiche Baumstubben, aus denen er mit seiner bis zu 10 cm langen, an der Spitze verhornten und mit Widerhaken versehenen Klebezunge vor allem Ameisenpuppen und -larven herausholt. Im Winter deckt er seinen Nahrungsbedarf v. a. mit Waldameisen, sonst hauptsächlich mit Wiesenameisen.

13

Bisam
Muschel-Fraßplatz

Kennzeichen: Größere Haufen vom Rand her aufgenagter Schalen von Süßwassermuscheln, v. a. Maler- und Teichmuscheln.
Vorkommen: An der Wasserlinie von Gewässern, v. a. Altwässer und Teiche.
Wissenswertes: Während der vorwiegend dämmerungs- und nachtaktive Bisam sich in der Vegetationsperiode fast ausschließlich von Pflanzenteilen ernährt, wie z. B. Wasserpflanzen, Wurzeln, Rinde, Kräuter oder Obst, frißt er im Winter bevorzugt Muscheln, die er an der Wasserlinie aufbeißt und verzehrt. Bis über 1000 ausgefressene Muschelgehäuse können sich im Verlauf des Winters an einem Fraßplatz anhäufen. Restbestände seltener Arten können gefährdet sein.

Singdrossel
Schmiede

Kennzeichen: Ansammlung leerer, zertrümmerter Schneckenhäuser von Baum- und Schnirkelschnecken.
Vorkommen: Auf dem Boden um Steine, auf Baumstümpfen, liegenden Ästen oder Stämmen.
Wissenswertes: Die Singdrossel öffnet Gehäuseschnecken, indem sie das Schneckenhaus am Mündungsrand im Schnabel einklemmt, zu einer festen Unterlage (Stein, Holz) bringt und dort zertrümmert. Um einen geeigneten „Amboß" können sich viele Gehäuse ansammeln. Artgenossen und v. a. Amseln eilen oft herbei, um ihr die freigelegte Nahrung zu stehlen. Singdrosseln nehmen mehr als unsere anderen Drosselarten (Amsel, Wacholder- und Rotdrossel) Gehäuseschnecken auf.

Neuntöter
„Schlachtbank" mit Bergeidechse

Kennzeichen: Neuntöter spießen große Beutetiere auf Zweige, Dornen einer Hecke oder auf Stacheldraht. Aus Nestern geholte Jungvögel werden auch mit dem Hals in enge Zweiggabelungen geklemmt.

Vorkommen: Offenes Gelände mit Dornensträuchern und Hecken, Moor- und Heideflächen, Baumgruppen, Obstgärten und Waldränder.

Wissenswertes: Der Neuntöter spießt die Beute nicht aus „Mordlust", sondern aus ökonomischen Gründen auf. Größere Happen, die nicht auf einmal gefressen werden können, dienen so als Vorrat. Er jagt von erhöhten Warten (Weidezäune, Büsche) in flachem Stoßflug v. a. nach Großinsekten, aber auch kleinen Reptilien, Vogeljungen und selten Kleinsäugern.

Sperlingskauz
Depot mit abgelegter Meise

Kennzeichen: Im Sommer offen auf Ästen und Astgabeln liegende tote Kleinvögel oder Kleinsäuger.
Vorkommen: Ausgedehnte, vielstufige Wälder mit hohem Anteil an Nadel- und Althölzern und ausreichendem Höhlenangebot, mit Lichtungen, Freiflächen, Moorrändern.
Wissenswertes: Der Sperlingskauz als unsere kleinste Eule jagt vorwiegend Kleinsäuger wie Erd-, Rötelmäuse, Waldspitzmäuse und Kleinvögel, v. a. Finken und Meisen. Er fängt die Beute unabhängig von seiner Sättigung und deponiert den Überschuß im Sommer einzeln und offen, im Winter gehäuft (bis über 80 Beutetiere) in Baumhöhlen. In kalten Wintern taut er die gefrorene Beute unter dem Bauchgefieder auf.

17

Habicht
Rupfung Eichelhäher

Kennzeichen: Charakteristische Eichelhäherfedern; Federkiele geknickt (Greifvogelrupfung), nicht abgebissen (Säugetier als Beutegreifer); Größe der Beute und Fundort: am Boden in einer Deckung.
Vorkommen: Jagdgebiete in abwechslungsreicher Landschaft mit Deckungsmöglichkeiten.
Wissenswertes: Habichte jagen von einer erhöhten Warte aus oder ergreifen ihre Beute im Pirschflug. Trotz breitem Beutespektrum besteht die Vorzugsbeute nur aus wenigen, im Jagdgebiet häufigen Arten. Zum Beuteverzehr fliegt der Habicht in ein Versteck und beginnt dort, am Boden zu rupfen. Hier wurde der Habicht beim Rupfen gestört, denn es ist noch Freßbares übrig.

Sperber
Rupfung Wacholderdrossel

Kennzeichen: Ähnlich Habicht, jedoch feste Rupfplätze auf Baumstümpfen oder umgestürzten Bäumen; hauptsächlich Kleinvögel bis Drosselgröße.
Vorkommen: Strukturreiche Landschaften mit Wechsel von Wäldern, Hecken, Buschgelände. Jagt im Winter auch in Ortsnähe.
Wissenswertes: Der Sperber ist wie der Habicht ein Überraschungsjäger. Beute vor allem Kleinvögel bis Drosselgröße, seltener Kleinsäuger. Wie Habichte rupfen Sperber bei den Beutevögeln Klein- und Großgefieder. Die kleineren Männchen erbeuten oft kleinere Beutetiere als die größeren Weibchen. Auftauchen des Sperbers wird meist durch intensives hohes Warnen der Kleinvögel angekündigt.

Buchdrucker
Fraßgänge

Kennzeichen: Charakteristische Gangsysteme im Holz unter der Rinde mit tieferen, geraden und seitlich abzweigenden, gewundenen Gängen.
Vorkommen: Vor allem in Fichtenmonokulturen, dort oft massenhaft.
Wissenswertes: Bei Massenauftreten zum Schädling werdend. Nach dem Schwärmen im Frühjahr nagt sich das Männchen durch die Rinde und baut eine „Rammelkammer" zur Paarung. Von dort nagt das Weibchen „Muttergänge" in die Rindenschicht, in die es 50–100 Eier legt. Ausgeschlüpfte Larven fressen senkrecht zum Muttergang, ihrem Wachstum entsprechend, immer breitere, gewundene Gänge, an deren Ende sie sich verpuppen und ins Freie bohren.

Haselblattroller
Fraßspuren

Kennzeichen: Aus Blättern herausgefressene Blattgewebe, oft nur die Blattrippen zurückbleibend.
Vorkommen: An verschiedenen Laubbaumarten, vor allem an Hasel und Erle.
Wissenswertes: Der 6–8 mm große, rötlich gefärbte Haselblattroller zählt zu den Rüsselkäfern. Im Gegensatz zu Schmetterlingsraupen, die meist vom Blattrand her fressen (S. 22), frißt er das Blattgewebe aus den Blättern heraus. Die Eier (je 1–2) legt das Weibchen in zigarrenförmig zur Mittelrippe eingerollte Blätter, die es zuvor von der Außenkante her zerteilte. Diese Brutwickel bleiben am Busch hängen. Die Larven fressen die inneren, länger frisch bleibenden Schichten und verpuppen sich. Jungkäfer schlüpfen Ende Juni.

Tagpfauenauge
Raupenfraß

Kennzeichen: Zahlreiche Blätter sind vom Rand her teilweise oder ganz kahlgefressen; oft Gespinste zwischen Blättern und Stengeln.
Vorkommen: An Brennesselhorsten im Juli/August.
Wissenswertes: Das Tagpfauenauge legt seine Eier in Häufchen von etwa 200 Stück ausschließlich an die Unterseite von Brennesselblättern. Während der Entwicklung halten sich die Raupen immer dicht beisammen und leben in einem Gespinst. Dort häuten sie sich auch im Verlauf ihres Wachstums. Oft findet man neben den an- und abgefressenen Blättern auch Gespinste mit abgestreiften Häuten. Zwei Generationen im Jahr: eine Mitte Juni bis Mitte Juli, die zweite, überwinternde Faltergeneration August bis Mai.

Schnecken
Fraß und Kot

Kennzeichen: Löcher oder Kahlstellen an Blättern, auch völlig kahlgefressene Pflanzen. Auf den übriggebliebenen Blatteilen oft silbrig glänzender Überzug und anklebender, feuchtglänzender weicher Kot.
Vorkommen: Unterschiedlichste Wild-, Nutz- und Zierpflanzen, oft an Salat im Garten.
Wissenswertes: Schnecken raspeln Pflanzenteile mit ihrer Reibezunge ab und hinterlassen beim Kriechen stets Schleimspuren. Sie zeigen eine Vorliebe für junge, zarte oder verletzte Pflanzen. Deshalb sind einige Pflanzen völlig zerfressen, andere unversehrt. Gegen Schneckenfraß schützen kombinierte Maßnahmen wie Bodenlockerung, Mulchen, Köder, richtige Bewässerung u. ä.

Waldkauz
Gewölle

Kennzeichen: Aschgrau, zylindrisch, meist 4–6 cm lang und 2–3 cm dick, an einem oder beiden Enden etwas zugespitzt; häufig schwach gekrümmt; unregelmäßige Oberfläche, Knochenstücke oft hervorstehend; Inhalt hauptsächlich Teile von Wühlmäusen und Mäusen, auch Teile von Vögeln und Insekten.
Vorkommen: Strukturreiche Landschaften mit Wäldern und Baumgruppen, auch in Parkanlagen, Friedhöfen, Alleen und Gärten mit altem Baumbestand, selbst in Großstädten; Gewölle meist gehäuft unter Schlafplätzen.
Wissenswertes: Vielseitige Jagdmethoden: Beute wird in der Luft, am Boden, aus dem Wasser (Fische, Krebse, Weichtiere) und von Zweigen gegriffen.

Schleiereule
Gewölle

Kennzeichen: Groß, glatt, zylindrisch, an Enden abgerundet; 2–8 cm lang, 2,5–3,5 cm dick; im frischen Zustand dunkel, schwarzgrau und glänzend, wie lackiert; Knochenstücke von außen oft nicht erkennbar.
Vorkommen: Meist an den Brut- oder Schlafplätzen in Kirchen, Scheunen, Ruinen.
Wissenswertes: Die glatte Oberfläche der Schleiereulengewölle besteht aus einem Speichelüberzug. Die Art erbeutet hauptsächlich Kleinsäuger, v. a. Feldmäuse. Schleiereulenbestände werden durch das Nahrungsangebot an Mäusen reguliert. Bebrütung ab erstem Ei, deshalb asynchrones Schlüpfen. Auch Schachtelbruten (Zweitgelege bevor Junge aus Erstgelege selbständig) sind möglich.

Mäusebussard
Gewölle

Kennzeichen: Groß und elliptisch, 6–7 cm lang und etwa 2,5–3 cm dick, grau; hauptsächlich aus zusammengepreßten Haaren bestehend, auch Federn; wenige oder gar keine Knochenstücke.
Vorkommen: Weitverbreitet im offenen Kulturland; Brutplätze im geschlossenen Wald meist in Randlagen; Gewölle unter Pfählen, Ästen, manchmal unter Horsten.

Wissenswertes: Häufigster Greifvogel. Erbeutet hauptsächlich Kleinsäuger. Beute wird mit Ausnahme von sehr kleinen Tieren in Stücke zerlegt. In Greifvögelgewöllen im Gegensatz zu Eulengewöllen kaum Knochen. Greifvögel rupfen Beutetiere und nehmen so schon weniger Knochen auf; zudem Auflösung der Knochen durch scharfen Magensaft.

Neuntöter
Gewölle

Kennzeichen: Speiballen klein, länglich, dunkel glänzend, zerfallen sehr leicht; hauptsächlich aus unverdaulichen Chitinresten von Insekten bestehend.

Vorkommen: An Jagd- und Brutplätzen oder Warten in offenen Buschlandschaften, Waldrändern, Schonungen, Dornhecken, Weidezäunen; Entdeckung schwierig.

Wissenswertes: Neben den Greifvögeln und Eulen würgen auch andere Vogelgruppen die harten, unverdaulichen Reste der Nahrung als Gewölle aus: Reiher, Störche, Watvögel, Möwen, Krähen, Eisvögel, Würger und insektenfressende Kleinvögel. Würger- und Eisvogelgewölle sind unverwechselbar, Krähen- und Möwengewölle je nach Nahrungszusammensetzung unterschiedlich.

Rothirsch
Losung

Kennzeichen: Kurz, zylindrisch oder fast kugelig, oft mit einer kleinen Spitze; im Sommer häufig ziemlich weich und zusammengeklebt (im Bild). Winterlosung schwarzbraun und glänzend im frischen Zustand, mit Schleimschicht überzogen. Bohnen 20–25 mm lang mit 13–18 mm Durchmesser, (bei „Kühen" kleiner), an einem Ende eingedellt, das andere abgerundet oder spitz.
Vorkommen: In ziemlich großen Haufen auf den Äsungsplätzen, aber auch zufällig verstreut.
Wissenswertes: Während Rothirsche im Sommer hauptsächlich von saftigen Pflanzenteilen wie Gräsern, Kräutern und Baumtrieben leben, ernähren sie sich im Winter von Zweigen und Trieben der Laub- und Nadelbäume.

Reh
Losung

Kennzeichen: Variiert in Form und Farbe je nach Jahreszeit und Äsung. Mit 10–14 mm Länge und 7–10 mm Breite sind die Losungsbohnen deutlich kleiner als die des Rotwildes, schwarzbraun, in frischem Zustand glänzend. Im Winter kurz zylindrisch, an einem Ende abgerundet.
Vorkommen: An Äsungsplätzen in Haufen, auf Wechseln; dort beim Ziehen (langsamen Gehen) fallen gelassen.
Wissenswertes: Als „Feinschmecker" verzehren Rehe eine Vielzahl von Pflanzenteilen. Durch die saftigere Nahrung im Sommer wird die Losung häufig in großen, gefurchten Klumpen abgesetzt. Im Winter ist die Losung trocken und zerfällt in einzelne Bohnen.

Rotfuchs
Losung

Kennzeichen: Wurstförmig, 8–10 cm lang, etwa 2 cm Durchmesser, gewöhnlich an einem Ende schraubenförmig zugespitzt; je nach Nahrungsbestandteilen unterschiedlich zusammengesetzt und gefärbt; intensiver Raubtiergeruch.
Vorkommen: Meist an erhöhten Stellen wie Baumstümpfen oder Grasbüscheln als Markierung des Reviers.

Wissenswertes: Die Losung kann Haare, Federn, Knochenstücke kleiner Nager und Vögel enthalten. Sind viele Haare enthalten, dann in frischem Zustand dunkelbraun, später grau. Nach Verzehr von Koniferenzapfen ist Kot weißlich, bei Beerenverzehr im Herbst blauschwarz oder rötlich; auch mit Schalenresten von Früchten und im Sommer mit Chitinteilen.

Dachs
Losung

Kennzeichen: Je nach aufgenommener Nahrung wurstförmig und trocken bis breiartig und flüssig. Wenn wurstförmig an Fuchs erinnernd, jedoch Oberfläche uneben, rauher, Losung zerfällt leichter; Inhalt Insektenreste, Haare, Körner, Beeren. Kennzeichnend ist Absetzort.
Vorkommen: An Latrinenplätzen, in etwa 10 cm tief gescharrten Löchern, die nicht zugedeckt werden; oft in Baunähe oder an festen Wechseln.
Wissenswertes: Allesfresser mit breitestem Nahrungsspektrum von allen heimischen Raubtieren: Getreide, Obst, Früchte, Pilze, Wurzeln, (Regen-) Würmer, Engerlinge, Hummel-, Wespen-, Mäusenester, Insekten, Junge von Bodenbrütern, Kleinsäuger, Fallwild, Aas.

Feldhase
Losung

Kennzeichen: Kugelförmige, etwas flachgedrückte, trokkene, grob strukturierte Pillen von etwa 15 mm Durchmesser; aus groben Pflanzenteilen bestehend, die deutlich zu erkennen sind. Farbe ändert sich etwas je nach Nahrungszusammensetzung.
Vorkommen: Offene Feldlandschaften, dort in kleinen Haufen an Nahrungsplätzen und Markierungspunkten; oft verstreut auf Wechseln.
Wissenswertes: Im Sommer verzehren Feldhasen v. a. Gräser, Kräuter und Wurzeln. Die dunkelbraunen Kotpillen sind dann im frischen Zustand feucht und weich. Im Herbst kommen Feldfrüchte und Beeren hinzu. Winternahrung besteht aus Knospen, Rinde, Zweigen, Wintersaaten und Kohl. Kotpillen sind dann hell und hart.

Wildkaninchen
Losung

Kennzeichen: Kugelförmig, ähnlich der Feldhasenlosung, jedoch wesentlich kleiner (etwa 10 mm Durchmesser), dunkler, mit weniger grob strukturierter Oberfläche.
Vorkommen: Oft in großen Mengen in Baunähe, an Reviergrenzen und Wechseln. Bevorzugt auf Erhöhungen wie Ameisen-, Maulwurf-, Erdhaufen oder Grasbüscheln abgesetzt.

Wissenswertes: Kaninchen setzen die Losung zur Duftmarkierung ihres Reviers ein. Weil die Latrinenplätze längere Zeit benutzt werden, wird der Boden an diesen Stellen kräftig gedüngt, der Pflanzenwuchs ändert sich. Wildkaninchen haben feste Wechsel und Kotplätze. Sie sind reviertreu. Bei Nahrungssuche Wanderungen über mehrere Kilometer (bis 5 km).

Steinmarder
Kot

Kennzeichen: Wurstförmige, spiralig gedrehte und an einem Ende zugespitzte Losung; etwa 8–10 cm lang und 1–1,2 cm dick; unangenehmer Geruch; Inhalt aus Haaren, Federn, Knochensplittern bestehend; im Spätsommer auch Beerenreste sowie Steine von Pflaumen und Kirschen enthaltend; Farbe dadurch variierend, meist dunkelgrau bis schwarz.

Vorkommen: In den Quartieren des Steinmarders, z. B. auf Dachböden von Häusern oder Kirchen, oft auf erhöhten Plätzen wie Kisten; auch im Motorraum von Autos.
Wissenswertes: Steinmarder sind ausgesprochene Kulturfolger. Benutzung von Latrinenplätzen, wo große Kotmengen liegen. Baummarderlosung mit angenehmerem Moschusgeruch.

Igel
Losung

Kennzeichen: Walzenförmig, normalerweise glänzend schwarz, an einem Ende zugespitzt; etwa 8–10 mm dick und 3–4 cm lang; Inhalt v. a. aus Insektenresten bestehend, daher Oberfläche durch Chitinteile glänzend; manchmal kleine Knochenstücke und Haare enthaltend; im Spätsommer/Herbst oft mit Beerenresten.
Vorkommen: In Gärten, Parks, an Waldrändern, Feldgehölzen.
Wissenswertes: Nach Verzehr eines Wirbeltieres (Maus oder Vogel) wird der Igelkot matt, gedreht und dünn; dann verwechselbar mit Losungen von Mauswiesel, Hermelin oder Iltis. Breite Nahrungspalette bestehend aus Insekten, kleinen Wirbeltieren, Kadavern, Fallobst, Beeren, Pilzen u.a.

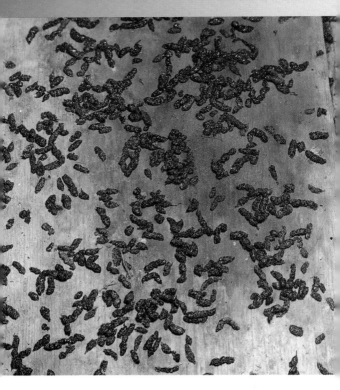

Fledermaus
Kot

Kennzeichen: Klein, erinnert an Mäusekot, jedoch nicht faserig, sondern krümelig und ausschließlich aus unverdaulichen Resten von Insekten und Spinnen bestehend; im frischen Zustand oft glänzend schwarzbräunlich; älterer Kot zerbröselt, graubräunliche stumpfe Farbe.

Vorkommen: Unter bevorzugten Hangplätzen auf Dachböden, in Türmen, hinter Fensterläden, auf Simsen unterhalb von außen zugängiger Spalten an Gebäuden, an Wänden um den Einschlupf, unterhalb von Fraßplätzen.

Wissenswertes: Aufgrund der Lage des Fledermauskotes läßt sich oft der Quartierort, aufgrund der Lage und Größe auch die Artzugehörigkeit der Quartierbewohner eingrenzen.

Mäuse
Kot

Kennzeichen: Kleine, walzenförmige Kotpillen, etwa 4–6 mm lang und 2–3 mm dick. Enden abgerundet oder leicht ausgezogen; grünlich bis bräunlich-schwarz.

Vorkommen: An Nahrungsstellen im Lebensraum der Mäuse: Wald, Gewässernähe, Feldflur, Gebäude v. a. mit Vorratshaltungen, Ställe, Nistkästen.

Wissenswertes: Im Gegensatz zum teilweise gleichgroßen Kot der Fledermäuse sind die Kotpillen der Mäuse aufgrund der pflanzlichen Bestandteile meist hart und faserig. Die Kotpillen der kleinen Nagetiere sind schwer oder gar nicht unterscheidbar. Bei der Bestimmung sind immer andere Spurenzeichen wie Fraßspuren, die Fundstelle sowie die Lebensweise der Arten zu berücksichtigen.

Rebhuhn
Losung

Kennzeichen: Walzenförmig, je nach Jahreszeit und Nahrungszusammensetzung grünlich bis graubraun, flach, keulen-, würstchenförmig oder gedreht; im frischen Zustand an einem Ende mit typischem weißem Harnsäureüberzug.

Vorkommen: An Futter- und Schlafplätzen in der Feldflur: offenes Gelände mit kleinflächig gegliederten landwirtschaftlichen Flächen, Hecken, Büschen, Stauden, Rainen, Wegrändern.

Wissenswertes: Rebhühner produzieren wie andere Hühnervögel auch eine breiige Blinddarmlosung. Sie ernähren sich von grünen Pflanzenteilen, Samen und Insekten. Während der Brutzeit geben Rebhennen eine charakteristische, hartknollige Brutlosung ab.

Graugans
Gestüber

Kennzeichen: Walzenförmig, relativ fest; 5–9 cm lang und bis zu 1,2 cm Durchmesser; dunkel grünlich, oft in ansehnlichen Mengen.
Vorkommen: Seeufer, Strandwiesen, auf Feldern, oft weit entfernt vom Wasser.
Wissenswertes: Graugänse ernähren sich ausschließlich von Pflanzen, die sie an Land suchen. Dabei entfernen sie sich oft sehr weit vom Wasser. Ihr Gestüber ist deutlich größer als das von Enten. Schwanengestüber erreicht sogar die doppelte Größe von Gansgestüber und ist immer in Gewässernähe zu finden. Graugänse leben außerhalb der Brutzeit sehr gesellig in lose zusammenhaltenden Scharen; Paare dabei nicht erkennbar. Nahrungserwerb im watschelnden Vorwärtsschreiten.

Mäusebussard
Geschmeiß

Kennzeichen: Dickflüssig, weißlich; wird wie bei allen Greifvögeln in einem Strahl ausgeschieden, indem der Stoß (= Schwanz) angehoben und das Geschmeiß waagerecht nach hinten gespritzt wird.

Vorkommen: An Ansitz-, Ruhe-, Kröpfplätzen oder Horsten. Junge spritzen Geschmeiß über den Horstrand hinaus, dann in Horstumgebung (S. 54) zu finden. Jagdgebiet im Winter meist weiter vom Wald entfernt als im Sommer; Schlafplätze in Baumgruppen.

Wissenswertes: Während Säuger die Abfallstoffe aus Darm (Kot) und Nieren (Harn) getrennt ausscheiden, werden diese bei Vögeln mehr oder weniger zusammen durch die Kloakenöffnung abgegeben.

Graureiher
Geschmeiß

Kennzeichen: Weißlich, dickflüssige, große Kleckse; enthält keine unverdaulichen Nahrungsreste, da diese als Gewölle ausgewürgt werden.
Vorkommen: Vor allem unter Reiherkolonien; dort erscheint der Boden oft „weiß gekalkt". Die ätzende Wirkung des Geschmeißes führt zum Verschwinden der Pflanzendecke, in alten Kolonien auch zum Absterben der verkalkten Horstbäume.
Wissenswertes: Neben Fischen ernähren sich Graureiher auch von Wühlmäusen, Fröschen, Schnecken, Würmern und Insekten. Bei der Jagd oft auf Feldern und Wiesen stehend. Bei der häufigeren „Pirschjagd" schreitet der Graureiher mit schräg nach vorn gestrecktem Hals und steifen Schritten langsam voran.

Bisam
Burg

Kennzeichen: Stumpf kegelförmige Burgen; Höhe über Wasser 35–175 cm, Durchmesser 85–430 cm, Rauminhalt bis 12 m^3, Grundfläche elliptisch bis kreisförmig; im Flachwasser aus Pflanzen; Vegetation in großem Umkreis oft völlig beseitigt.
Vorkommen: Größere Teiche, Seen, Altwässer mit starker Pflanzenproduktion.
Wissenswertes: Ursprüngliche Heimat Nordamerika. Seit 1905 in Europa eingebürgert und erfolgreich ausgebreitet. Besiedelt heute fast alle Gewässer. In grabfähigen Ufern Anlage von Erdbauen, im Winter und beim Fehlen grabfähiger Ufer Anlage von Kegelburgen. Im Gegensatz zum Biber werden keine Äste, sondern Pflanzenteile der unmittelbaren Umgebung verwendet.

Biber
Damm

Kennzeichen: Feste Querverbauung in einem Fließgewässer aus Ästen, anderem Pflanzenmaterial und Schlamm. An den miteinander verflochtenen Hölzern finden sich zum Teil typische Bibernagespuren (S. 10). Der Wasserstand hinter dem bis über 1 m hohen und bis 80 cm breiten Damm ist auf ein bestimmtes Niveau ausgebaut.
Vorkommen: In Mitteleuropa an Rhone, Mittlerer Elbe, Mulde-, Saalemündung, in Teilen Österreichs, der Schweiz, Süddeutschlands.
Wissenswertes: Biber gestalten ihren Lebensraum aktiv um. Neben Erdbauen legen sie Burgen an und regulieren durch Dammbauten den Wasserstand ihrer Wohngewässer. Errichten Dämme, um die Eingänge zum Bau ganzjährig unter Wasser zu halten.

Rotfuchs
Bau

Kennzeichen: Erdbau bevorzugt an einem nach Süden geneigten Abhang mit einer oder mehreren Einfahrten; Einfahrtsloch bei neu angelegten Bauen ziemlich eng (20 – 25 cm Durchmesser), später größer. Ausgegrabene Erdhaufen liegen fächerförmig vor Einfahrten, können an Böschungen große Terrassen bilden; oft Reste von Mahlzeiten vor dem Loch verstreut (wenn Welpen im Bau) und scharfer Raubtiergeruch.

Vorkommen: Größter Teil der Erdbaue in Waldrandnähe, mit nicht zu festem Boden.

Wissenswertes: Rotfüchse sind sehr anpassungsfähige Kulturfolger, selbst in Großstädten. Sie übernehmen häufig alte Dachsbaue und wohnen sogar gemeinsam mit dem Dachs darin.

Dachs
Bau

Kennzeichen: Eingang als „Rutschrinne" ausgebaut; in den Rutschrinnen tiefe Rillen, die von den Dachskrallen beim „Einfahren" herrühren; kein Raubtiergeruch wie am Fuchsbau. Die Losung wird an Klosetts abgesetzt (S. 31).
Vorkommen: Oft an gleichen Stellen angelegt wie Fuchsbaue.
Wissenswertes: Dachse halten ihren Bau und die nähere Umgebung sehr sauber. Im Gegensatz zum Fuchsbau findet man nie Fraßreste oder frei abgelegte Losung. Weil der Dachs im Gegensatz zum Fuchs in sein Lager Heu, Laub oder Moos einbringt, finden sich vor dem Bau häufig Reste davon. Nacht- und dämmerungsaktiv als Einzelgänger, paarweise oder im Familienverband.

Feldhase
Sasse

Kennzeichen: In den Boden oder Schnee gegrabene Mulde (10–12 cm tief), in der gerade der Hasenkörper Platz hat und oft Haare und Nagelabdrücke zu finden sind.
Vorkommen: In Gebieten mit landwirtschaftlicher Bodennutzung, Hecken und Ödland.
Wissenswertes: Die Verhaltensweisen des Feldhasen im deckungsarmen Gelände schützen ihn vor Feinden. Dazu zählt ein bewegungsloses Verharren in der Sasse. Der Hinterkörper ruht dabei im tieferen Teil der Sasse, die Augen befinden sich oberhalb der Bodenoberfläche. Alle auffälligen Signale wie Blume und Löffelzeichnung sind verdeckt. Bei Entdeckung kann er sich meist durch schnelle Flucht und Hakenschlagen retten.

Wildkaninchen
Bau

Kennzeichen: Meist 2–4 (auch 10 und mehr) 15 cm weite Laufröhren; eine senkrechte Fluchtröhre, mehrere blind endende Seitenröhren; losgegrabene Erde oft vor den Löchern angehäuft.
Vorkommen: Baue bevorzugt an sonnigen Stellen, wobei die Einfahrten möglichst gut gedeckt unter Gebüsch angelegt werden. Ersatzbaue auch in Stroh- oder Komposthaufen, selbst in Hohlräumen von Holz- und Reisighaufen und sogar in hohlen Kopfweiden in 2 m Höhe.
Wissenswertes: In den bis zu 3 m tiefen Bauen einer bis mehrere ungepolsterte Kessel. Zur Jungenaufzucht wird extra ein flacher Setzbau angelegt, dessen Kessel ausgepolstert wird und dessen einzige Röhre die Mutter nach Verlassen verschließt.

Maulwurf
Bau

Kennzeichen: An der Oberfläche wird das Aushubmaterial der Gänge als Maulwurfshaufen ausgeworfen. Erdhügel im Durchschnitt 10–20 cm. Lage der Hügel zeigt ungefähr den Verlauf der Gänge an.
Vorkommen: Wiesen, Laubwälder, Gärten, Parks.
Wissenswertes: Maulwürfe sind von allen einheimischen Säugern am perfektesten an das Leben unter der Erde angepaßt: walzenförmiger Körper, die Vorderfüße als „Grabschaufeln". Die flach (bis zu 50 cm) oder tiefer angelegten Gangsysteme sind weit verzweigt, bis zu 200 m lang. Unter großen Hügeln befinden sich Sommernester, unter sehr großen (180–200 cm Durchmesser, bis 50 cm hoch) Winterburgen mit Nest und Vorratskammer.

Schermaus
Haufen

Kennzeichen: Im Gegensatz zum Maulwurfshaufen flacher und länglicher; zudem mit Gras vermischt; neben Haufen offene Eingangslöcher zum Bau, oft ohne Verbindung zum Haufen.
Vorkommen: Entlang langsam fließender oder stehender Gewässer; auf Wiesen und Äckern, in Gärten, Obstplantagen und Wäldern.
Wissenswertes: Schermäuse graben weitverzweigte, unterirdische Gangsysteme. Abseits von Gewässern Anlage oberflächennaher Gänge, die als Erdwälle erkennbar sind. Neben Eingängen oft Erdhaufen, die mit Maulwurfshügeln verwechselt werden können. Bei uns kommt die Gemeine Schermaus (Große Wühlmaus) vor, eine anpassungsfähige Art, die gut schwimmen und tauchen kann.

Igel
Nest

Kennzeichen: Großes, mit Laub, Moos, Gras und Ästchen ausgepolstertes Nest.
Vorkommen: An geschützten Stellen in Kompost-, Laub- und Reisighaufen, Hecken, trockenen Höhlungen, z. B. unter Brettern oder Gartenhäuschen; auch in selbstgegrabenen Löchern bis zu 50 cm Tiefe.
Wissenswertes: Igel legen zur Jungenaufzucht und für den Winterschlaf Nester an. Sie finden sich an geeigneten Stellen in unterwuchsreichen Laub- und Mischwäldern, an Waldrändern, in Feldgehölzen, Parkanlagen, Gärten. Sie scheinen menschliche Siedlungen zu bevorzugen. Igel sind dämmerungs- und nachtaktive Einzelgänger. Winterschlaf etwa von Oktober–April. Jährlich 1–2 Würfe mit je 3–10 Jungen.

Mausohr-Fledermaus
Hangplatz

Kennzeichen: Vor allem im Giebelbereich von Dächern an Dachlatten und hölzernen Dachunterzügen braune, speckige Verfärbungen, die traditionell genutzte Hangplätze anzeigen.
Vorkommen: Sommer- und Wochenstubenquartiere auf meist großen, ruhigen und dunklen Dachböden von Kirchen, Schlössern, Türmen, anderen alten Gebäuden.

Wissenswertes: Hangplätze werden immer wieder benutzt und von den Tieren mit ihren schwarzen Drüsensekreten mit Duftstoffen markiert. Wo keine freien Einflugmöglichkeiten ins Quartier vorhanden sind, kriechen Mausohren durch Spalten (z. B. zwischen Ziegeln oder im Firstbereich) ein und aus und markieren auch diese Durchschlupfe.

Eichhörnchen
Kobel

Kennzeichen: Kugelförmiger Bau mit Durchmesser von 20–50 cm. Äußerlich ein loses Flechtwerk von Zweigen, innen mit einer dicken Schicht aus Gras, Moos, Ästen, sowie Bastfasern verkleidet und mit Federn, Haaren oder anderen weichen Stoffen ausgefüttert; Schlupfloch seitlich, etwa 5 cm weit, das bei schlechtem Wetter oder wenn Junge im Kobel sind verschlossen wird.
Vorkommen: Im oberen Bereich von Laub- und Nadelbäumen, meist nahe am Stamm, von mehreren Seitenästen gestützt.
Wissenswertes: Eichhörnchen bauen mehrere Kobel; ein fest gebauter Hauptkobel wird v. a. zur Jungenaufzucht und als Winternest genutzt. Nester auch in Baumhöhlen oder Nistkästen.

Elster
Nest

Kennzeichen: Gewöhnlich in Baum- oder Dornengestrüpp; umfangreicher, teilweise mit Erde verfestigter und ausgestrichener Bau aus Reisern; mit einer Schicht aus feinen Wurzeln, gelegentlich auch Pflanzen oder Haaren ausgepolstert; fast immer von einer lockeren Haube überdacht; seitlicher Einschlupf.
Vorkommen: Offenes Gelände mit Hecken, Feldgehölzen, Waldrändern, selbst in Städten; sehr häufig in straßenbegleitenden Gehölzanpflanzungen.
Wissenswertes: Nestbau erfolgt durch beide Partner; das Männchen schafft überwiegend Nistmaterial heran. Alte Elsternnester werden häufig von Arten bezogen, die selbst keine eigenen Nester bauen, z. B. Waldohreule, Turm- oder Baumfalke.

Mäusebussard
Horst

Kennzeichen: Umfangreicher Bau aus Stöcken, kleinen Zweigen und Halmen; mit unterschiedlichstem Pflanzenmaterial ausgelegt, das ständig erneuert wird.
Vorkommen: Horst auf Bäumen, meist hoch über dem Boden; im geschlossenen Wald meist in Randlage, selten in kleinen Gehölzen.
Wissenswertes: Häufigster Greifvogel der Kulturlandschaft. Horst kann wiederbenutzt werden. Ein Paar verfügt oft über mehrere Horste, die von Jahr zu Jahr wechselweise bezogen werden. Legezeit Mitte März bis Anfang Mai, eine Jahresbrut (meist 2−3 Eier), Brutdauer 32−34 Tage, Nestlingsdauer 42−49 Tage. Brutbestände schwanken in Abhängigkeit vom Hauptnahrungstier Feldmaus erheblich.

Habicht
Horst

Kennzeichen: Großer, flacher, unordentlicher Bau aus abgestorbenen Ästen; mit Rindenstückchen, belaubten Nadelholzzweigen oder Büscheln von Koniferennadeln ausgepolstert.
Vorkommen: In alten Baumbeständen auf hohen Waldbäumen, im Astquirl, einer Gabelung oder auf starken Seitenästen; selten auf Nestern anderer Arten.

Wissenswertes: Männchen und Weibchen bauen. Wiederbenutzung möglich, oft Wechselhorste vorhanden. Horste versteckter als Bussardhorste angelegt. Legezeit Ende März bis Mai, eine Jahresbrut (2–5 Eier), Brutdauer 35–42 Tage, Nestlingszeit 36–40 Tage; Junge bleiben danach noch mehrere Tage auf Ästen um den Horst („Ästlinge").

Kormoran
Horst

Kennzeichen: Festerer Bau (im Binnenland) aus Knüppeln, Reisig und Zweigen; Mulde mit langen Blättern, Gräsern oder Wasserpflanzen ausgepolstert; kolonieweise.
Vorkommen: Brütet an Binnenseen und großen Flüssen in Bäumen oder Büschen oft in Mischkolonien zusammen mit Graureihern; an Meeresküsten in Klippen, auf Leuchttürmen, Seezeichen, auf Inseln gelegentlich am Boden.
Wissenswertes: Das Männchen schafft das meiste Material heran, während das Weibchen baut. Auch werden alte Nester von anderen Arten (z. B. Reihern) bezogen. Das Kormorangefieder ist nicht wasserabweisend. Es muß nach dem Tauchen und Schwimmen getrocknet werden.

Graureiher
Horst

Kennzeichen: Plattform aus kräftigen Knüppeln und Zweigen, deren Enden sperrig hervorragen; mit feinerem Material ausgekleidet. Kann im ersten Jahr so dünn sein, daß Eier von unten zu erkennen sind.
Vorkommen: Gewöhnlich auf hohen Laub- und Nadelbäumen in Gewässernähe, aber auch in niedrigen Bäumen, Büschen auf Klippensimsen, kleinen Inseln, am Boden und im Schilf. Meist in Kolonien, manchmal einzeln; oft mehrere Nester in einem Baum; auch in Siedlungsnähe, z.B. Flußinseln in Großstädten.
Wissenswertes: Das Nest wird meist wiederbenutzt und jährlich vergrößert; kann sehr umfangreich werden. Nester im Schilf oft aus Schilfhalmen.

Saatkrähe
Nest

Kennzeichen: Umfangreicher Bau aus Zweigen mit Erde verfestigt; mit Halmen, Gras, Wurzeln, Moos, Wolle und Haaren ausgepolstert.
Vorkommen: Kolonieweise hoch im oberen Kronenbereich von Baumgruppen in offenen Kultur- und Wiesenlandschaften, oft auch mitten in Städten.
Wissenswertes: Das Männchen schafft Nistmaterial heran, das vom Weibchen verbaut wird. Vorjährige Nester können ausgebessert und wiederbenutzt werden. Legebeginn April; Bezug oft schon im März. Eine Jahresbrut (3–6 Eier, 17–20 Tage/Brut). Nestlingsdauer über 30 Tage. Im Winter starker Einflug von Wintergästen aus Ost- und Nordeuropa, mit Dohlen oft riesige Schwärme bildend.

Aaskrähe
Nest

Kennzeichen: Ziemlich großer Bau aus Reisern und Moos, mit Erde untermischt und gewöhnlich in einer Astgabel angelegt.
Vorkommen: Gewöhnlich in Bäumen, oft in beträchtlicher Höhe; vor allem in offener Kulturlandschaft an Waldrändern, auch in Parks und mitten in Städten.
Wissenswertes: Nur das Weibchen brütet und wird vom Männchen gefüttert; an der Jungenaufzucht beteiligen sich beide Partner. Legebeginn Ende März/Anfang April, eine Jahresbrut (4–6 Eier), Brutdauer 17–21 Tage, Nestlingsdauer mindestens 30 Tage. Starke innerartliche Regulationsmechanismen, indem nichtbrütende Krähen Eier und Jungvögel rauben. Alte Krähennester nutzen Greifvögel und Eulen.

Mönchsgrasmücke
Nest

Kennzeichen: Napfförmiges Nest aus trockenen Grashalmen, Stengelchen, Wurzeln, etwas Wolle, Daunen und Moos. Nestrand mit den stützenden Zweigen verflochten; in Nestrand häufig Spinnweben eingewoben.
Vorkommen: Meist in niedrigem Gebüsch oder Geäst oder in Jungfichten; in unterholzreichen Wäldern, aber auch in Büschen und niedrigen Bäumen von Parks, Gärten, Baumschonungen.
Wissenswertes: Die ersten Nester baut allein das Männchen, ohne sie fertigzustellen („Spielnester"). Erst während der Paarbildung wählt das Weibchen ein Nest aus oder entscheidet sich für einen völlig neuen Brutplatz. Der Anteil des Weibchens am eigentlichen Brutnestbau ist größer als der des Partners.

Singdrossel
Nest

Kennzeichen: Wohlgeformter Napf aus Gräsern, dünnem Reisig, Wurzeln, Moos, altem Laub und Flechten; mit einer Schicht aus Holz, Mull und Lehm ausgekleidet.

Vorkommen: In Bäumen und Büschen, meist nahe am Stamm in 1,5–4 m Höhe; in Wäldern, gebüschreichen Parks, Gärten, auch in Nischen an Gebäuden und hinter Kletterpflanzen.

Wissenswertes: Nur das Weibchen baut und brütet in der Regel. Die Jungen werden von beiden Partnern betreut. Legebeginn April, meist zwei Bruten, je 4–6 intensiv hellblaue Eier, Brutzeit etwa 14 Tage, Nestlingsdauer 12–16 Tage. Kurzstreckenzieher, Winterquartiere in West-, Südeuropa und Nordafrika, teilweise auch bei uns überwinternd.

Zaunkönig
Nest

Kennzeichen: Dickwandiger, überdachter, meist kugelförmiger Bau mit seitlichem Einschlupf; aus Blättern, Moos, Gras und anderen Pflanzenteilen gefügt, mit Federn ausgelegt.

Vorkommen: In Büschen, Hecken, im Dickicht von Wäldern, Parks und Gärten. Das Nest wird in nahezu jeder Art von Höhle, Nische oder Vertiefung vom Erdboden an aufwärts angelegt; meistens an einem Baum, einer Mauer oder steilen Böschung.

Wissenswertes: Das Männchen baut die äußeren Wände mehrerer Nester („Spielnester"), das Weibchen wählt ein Nest zum Brüten aus und polstert es. Männchen haben oft mehrere Weibchen und helfen dann nur bei einer Brut.

Haselmaus
Nest

Kennzeichen: Kugeliges Nest aus trockenem Gras, Blättern und Bast mit seitlichem Eingang. Durchmesser 6–10 cm oder 9–12 cm. Größere Nester besonders dickwandig und gut ausgepolstert.
Vorkommen: Freistehend an sonnigen Waldrändern in dichtem Gebüsch, auf Lichtungen und Kahlschlägen mit Himbeer- und Brombeersträuchern, in jungen Aufforstungen, in 10–300 cm Höhe.
Wissenswertes: Kleine Nester dienen einzelnen Tieren als Schlafnester, die großen sind Wurfnester. Nester werden auch in Baumhöhlen über 20 m und in Nistkästen angelegt; das Nest für den Winterschlaf in Laub zwischen Wurzelwerk, an Baumstümpfen oder Erdlöchern. Ungesellig.

Buntspecht
Höhle

Kennzeichen: In der Regel kreisrunde Öffnung von ca. 5 cm Durchmesser in Stämmen und Ästen von morschen Laub- und Nadelbäumen; meist 3–8 m über dem Boden.
Vorkommen: In allen Laub- und Nadelwaldlandschaften; in Parks, Feldgehölzen, Gärten, oft mitten in der Stadt und nahe an Häusern.
Wissenswertes: Bei uns häufigster und verbreitetster Specht; Stand-, seltener Strichvogel. Am Höhlenbau beteiligen sich beide Partner. Vom Höhleneingang führt ein kleiner Gang in eine birnenförmige, 23–40 cm tiefe und 12–15 cm breite Kammer; ohne Einlage. Legebeginn ab Mitte April; eine Jahresbrut (5–7 Eier), Brutdauer 10–12 Tage, Nestlingszeit 20–23 Tage.

Kleiber
Höhle

Kennzeichen: Eingangsöffnung von Naturhöhlen, Nistkästen oder Mauerlöchern mit Lehm verkleinert; auch innen alle scharfen Kanten, Ritzen und Spalten verklebt, in Nistkästen sogar die Ecken.
Vorkommen: In Laub- und Mischwäldern, auch in Parks und Gärten im Kulturland. Nest in hohen alten Bäumen, in Baum- oder Mauerlöchern, alten Spechthöhlen (im Bild) oder Nistkästen.
Wissenswertes: Kleiber verengen den Eingang zur gewählten Nisthöhle durch Verkleben zur Feind- und Konkurrenzvermeidung (z. B. Star als Brutplatzkonkurrent). Die Klebearbeit wird fast ausschließlich vom Weibchen ausgeführt. Legebeginn April, eine Jahresbrut (5–9 Eier), Brutdauer 14–18 Tage, Nestlingsdauer 23–25 Tage.

Mehlschwalbe
Nest

Kennzeichen: Bis auf ein halbrundes Einflugloch geschlossene Halbkugel aus Lehmklümpchen mit wenig Pflanzenfasern; Einlage aus Federn und Halmen; oft in lockeren Gruppen, manchmal in dichten Kolonien.
Vorkommen: Im offenen Kulturland an der Außenwand von Gebäuden unter Dachrinnen und Mauervorsprüngen, auch unter Brücken und Vorsprüngen von Fels- und Klippenwänden.
Wissenswertes: Mehlschwalben halten sich als Langstreckenzieher bei uns von April bis September/Oktober auf; meist zwei Jahresbruten. Sie kehren größtenteils wieder an ihren „Geburtsort" zurück, wobei sich nur wenige Tiere wieder direkt an ihrem „Geburtshaus" ansiedeln. Nester unbedingt erhalten!

Rauchschwalbe
Nest

Kennzeichen: Offene Viertelkugel aus Lehmstückchen mit Halmen untermischt; meist auf Stützen wie z.B. Balken, Wandvorsprüngen, Dachsparren oder Leitungen, an senkrechten Flächen angeklebt; innen dürftig mit Federn ausgekleidet.
Vorkommen: Im offenen Kulturland in der Regel im Inneren von geschützten Gebäuden (v.a. Viehställe, auch Lagerhallen), bevorzugt genutzte Gebäude; seltener unter Brücken und an geschützten Plätzen an Außenwänden von Gebäuden.
Wissenswertes: Wie bei der Mehlschwalbe bauen Männchen und Weibchen. Oft gesellig nistend, aber nicht kolonieweise wie Mehlschwalben. Natürliche Niststandorte waren und sind wahrscheinlich Höhlendecken.

Uferschwalbe
Brutröhren

Kennzeichen: Röhren mit querovalem Einschlupf von etwa 5 cm Durchmesser in Steilwänden mit sandigem, tonigem oder lehmigem Boden; nie einzeln, immer kolonieweise.
Vorkommen: Vor allem in Abbaustellen, die meistens noch in Betrieb sind; auch an steilen Flußufern oder Meeresküsten (z. B. Ostsee).
Wissenswertes: Uferschwalben sind ausgeprägte Koloniebrüter. Ihre 30–70 cm tiefen Bruthöhlen graben sie mit Schnäbeln und Füßen v. a. in Bodenmaterial von 0,2–2 mm Korngröße. Die Höhlen enden in einer ca. 10 cm großen, kugeligen Kammer, die mit Gras und Federn locker ausgepolstert ist. Legebeginn ab Ende Mai/Anfang Juni, oft zwei Jahresbruten mit 4–5 Eiern.

Eisvogel
Brutröhre

Kennzeichen: Höhle in weichem Bodenmaterial in einer überhängenden oder senkrechten Bruchkante meist am Gewässerufer, aber auch bis 1 km davon entfernt; Eingang ca. 5 cm Durchmesser; genutzte Nisthöhlen oft im Eingangsbereich verunreinigt und mit starkem Fischgeruch.
Vorkommen: In Steilufern über langsam fließenden, unverbauten Gewässern, jedoch auch an Teichen und Baggerseen; überragende Äste bzw. freigestellte Wurzeln in Nachbarschaft als Sitzwarten.
Wissenswertes: Die von beiden Partnern gegrabene Niströhre besteht aus einem 30–100 cm langen, leicht ansteigenden Gang mit einer 10–13 cm großen, rundlichen Nistkammer am Ende (kein Nistmaterial).

Hornisse
Nest

Kennzeichen: Sehr großer Wabenbau; Außenwände des Nestes wirken wie gestreift; etwa ab Oktober ist das Nest leer.
Vorkommen: An dunklen Orten wie Dachböden, hohlen Bäumen oder Nistkästen.
Wissenswertes: Unsere größte einheimische Faltenwespe. Sie ist keineswegs aggressiv; der Stich ist nicht gefährlicher als andere Insektenstiche. Ab Mai/Juni beginnt die überwinterte Königin mit Nestbau und Eiablage. Sie wird von den schlüpfenden Arbeiterinnen bei der Brutfürsorge unterstützt. Das ständig erweiterte Nest besteht aus zerkautem, verschiedenfarbigem Holz und wird nach dem Absterben des Staates im Herbst nicht wieder benutzt. Bewohnte Hornissennester erhalten!

Sächsische Wespe
Nest

Kennzeichen: Nest birnenförmig, grau, bis doppelte Faustgröße; an schattigen, nicht zu dunklen Stellen.
Vorkommen: In Gebäuden, meist Dachgebälk von Scheunen, Jagdhütten, Gartenhäusern u. ä.
Wissenswertes: Eine der häufigsten Wespenarten; nistet oft frei; ist weder angriffslustig noch lästig. Aktivitätszeit von Ende April bis Ende August. Wenn sie im Nestbereich von 2–3 m nicht gestört wird, ist sie nicht aggressiv. Einschließlich der Hornisse gibt es bei uns acht „typische" Vertreter der staatenbildenden Wespen. Als Insektenjäger haben sie ihren Platz im Naturhaushalt. Lästig durch Anfliegen von Speisen und Getränken werden nur die Deutsche und die Gemeine Wespe.

Wespenspinne
Netz

Kennzeichen: Sehr charakteristisches Radnetz meist unmittelbar über Erdboden; Nabe mit flächigem weißen Gespinst bedeckt. Über und unter der Nabe verläuft ein zickzackförmiges Gespinstband, das Stabiliment, dessen oberer Teil im Netz ausgewachsener Spinnen oft fehlt.

Vorkommen: In sonnigen Gebieten mit niedriger Vegetation; sowohl auf Trockenrasen wie auf Sumpfwiesen; auch auf Ruderalflächen.

Wissenswertes: Vor dem Netzbau verschafft sich die Wespenspinne Platz, indem sie Grashalme beiseite biegt und zusammenspinnt. Die Spinne sitzt stets in der Netzmitte. Bei Beunruhigung versetzt sie das Netz in Schwingung und erzeugt so ein unscharfes Streifenmuster, das Freßfeinde irritieren kann.

Gartenkreuzspinne
Netz

Kennzeichen: Markantes Radnetz, das aus zahlreichen Radien und einer Fangspirale mit Klebetropfen besteht; kann stark abgewandelt sein, etwa durch eine offene Nabe („Loch" in der Mitte), ausgesparte Sektoren oder Stabilimente (S. 72, vermutete Tarnfunktion).
Vorkommen: In offenem, baumbestandenem Kulturland, an Waldrändern.

Wissenswertes: Spinne sitzt meist in Netzmitte, bei trübem Wetter im Schlupfwinkel. Der Netzbau beginnt, indem zunächst ein produzierter Faden vom Wind transportiert an einer benachbarten Pflanze hängenbleibt. Nach dem Strammziehen und einer bodennahen Befestigung eines weiteren Fadens entsteht ein „Y", das durch weitere Radien ergänzt wird.

Schaumzikade
Schaumbällchen

Kennzeichen: Wie Spucke aussehende Schaumbällchen an Gräsern und Kräutern.
Vorkommen: Häufig im Grasland auf Wiesen, Mai bis September.
Wissenswertes: Die Larven der etwa 20 mitteleuropäischen Schaumzikaden-Arten saugen Pflanzensäfte und erzeugen durch Einblasen von Luft in ihre eiweißhaltige Kotflüssigkeit den „Kuckucksspeichel". Vor allem im Frühjahr und Frühsommer fallen die Schaumbällchen auf, die sie vor einigen Parasiten und vor Austrocknung, nicht aber vor Raubwanzen und Wespen schützen. Die Schaumzikaden sind kleine, graubraune, oft sehr variabel gezeichnete Insekten, die zur Ordnung der Pflanzensaftsauger gehören. Sehr häufig ist die Wiesen-Schaumzikade.

Traubenkirschen-Gespinstmotte
Kahlfraß

Kennzeichen: Weiße Gespinste, die ganze Bäume überziehen; Bäume zum Teil völlig kahlgefressen.
Vorkommen: Im Frühjahr an Traubenkirschen in Auwäldern oder entlang von Bachläufen.
Wissenswertes: Die Gespinste werden von den Raupen dieser zu den Kleinschmetterlingen gehörenden Art angelegt, die sich damit vor Regen und Wind schützen. Durch Raupenfraß können die Bäume völlig kahlgefressen werden, treiben jedoch wieder neu aus und ergrünen bis zum Sommer, während sich die Raupen in pfundschweren Gemeinschaftskokons verpuppen. Flugzeit Juni und Juli, Eiablage an den Wirtsbäumen, überwinternder Eihaufen in Rindenritzen.

Eichengallwespe
Eichenrose

Kennzeichen: Etwa 2 cm groß, hopfenfrucht- oder ananasähnlich; anfangs grünlich und fest, später braun und sich rosettenartig ausbreitend; eine eichelförmige, einkammerige Innengalle einschließend.
Vorkommen: An End- und Seitenknospen von verschiedenen Eichenarten; in Eichenwäldern, Gärten und Parks.
Wissenswertes: Die Eichenrose entsteht nach Eiablage der Eichengallwespe an den Knospen der Wirtspflanze. Die Innengalle löst sich im Spätsommer und fällt beim Spreizen der Schuppen heraus, die „Eichenrose" verbleibt mitunter noch länger am Baum. Allein an Eichen in Mitteleuropa gibt es etwa 100 verschiedene durch Gallwespen hervorgerufene Gallen.

Rosengallwespe
Rosengalle

Kennzeichen: Rotes bis grünes, zottig behaartes Gebilde an Zweigen und Blättern von Heckenrosen; bis 4 cm Durchmesser.
Vorkommen: Rosengallen entwickeln sich ab Mai an den frischen Trieben von Wildrosen; häufig an Waldrändern, Wegsäumen, Feldhecken.
Wissenswertes: Den Rosengallen schrieb man früher Heilwirkung zu („Schlafäpfel"). Eiablage an Heckenrosenknospen im Frühjahr. Knospe verwandelt sich im Verlauf des Sommers zur Galle. An Blattrippen bleibt die Galle einkammerig, sonst vielkammerig. Aus den Gallen schlüpfen im nächsten Frühjahr neben vielen Weibchen und wenigen Männchen der Erzeugerin auch weitere Parasiten und Einmieter.

Wildschwein
Suhle

Kennzeichen: Stark zertretene, schlammige Stelle, oft in Nähe eines Baumes; Trittsiegel in Umgebung erkennbar; oft benachbarte Bäume schlammverklebt (50–100 cm hoch) und mit anhängenden Borsten.
Vorkommen: In Wildschweinrevieren häufig an sumpfigen Stellen im Wald, an Gewässern.
Wissenswertes: Wildschweine suhlen sich sehr häufig in Schlammpfützen. Nach dem Suhlen vielfach gründliches Reiben an benachbarten Bäumen, die dann Scheuerstellen mit Rindenabrieb, angetrocknetem Schlamm und anheftenden Wildschweinborsten aufweisen. Diese „Malbäume" sind auch an Hirsch-Suhlen zu beobachten (hier Spuren in 1–1,5 m Höhe). Gesellig im Familienverband.

Rothirsch
Fegestelle

Kennzeichen: Wundstellen an Bäumen und Büschen; Rinde verletzt, Seitenzweige abgerissen, Blätter oder Nadeln teilweise trocken.
Vorkommen: Waldgebiete mit Freiflächen; gebietsweise auch in Heide- und Moorlandschaften; im Gebirge während des Sommers bis zur Baumgrenze.
Wissenswertes: Nach dem Geweihabwurf wächst aus den Rosenstöcken sofort ein von einer gut durchbluteten Haut („Bast") umgebenes neues Geweih hervor. Ist es fertig ausgebildet und ganz verknöchert, wird die jetzt funktionslose Basthaut an elastischen Bäumen und Sträuchern abgescheuert. Rot-, Dam- und Sikahirsche sowie Elche fegen den Bast im Hoch- oder Spätsommer, der Rehbock im Frühjahr.

Rebhuhn
Sandbad

Kennzeichen: Flache Mulde in sandigem Boden, an windarmen, geschützten Stellen; oft mehrere Mulden dicht beieinander. Material in Mulde feinkörniger als in Umgebung; manchmal Federn oder Kot.
Vorkommen: Sandige Stellen in Rebhuhnrevieren (Wegränder, Ruderalflächen); in kleinflächig strukturierten Ackerlandschaften.

Wissenswertes: Auslöser zum Sandbaden ist trockener, sandiger Boden und höhere Temperaturen mit Sonnenschein. Sandbadestellen sind wichtigste Requisiten im Rebhuhn-Lebensraum. Als Vorbereitung setzen sich Rebhühner hin und lockern mit dem Schnabel ringsherum das Erdreich. Durch Scharrbewegungen der Füße wird Sand gelockert.

Alpenschneehuhn
Badestelle im Schnee

Kennzeichen: Flache Mulden im Schnee an sonnigen Hängen mit hin- und wegführenden Spuren.

Vorkommen: In den Alpen oberhalb der Baumgrenze; bevorzugt werden blockübersäte Kuppen und Hänge, wo Schnee stellenweise liegenbleibt, Felsblöcke, Aussichtswarten und Mulden, die Windschutz und Deckung bieten.

Wissenswertes: Beim Alpenschneehuhn sind, wie bei allen Hühnervögeln, ausgiebige Staubbäder beliebt. Plätze werden bei geeignetem Wetter fast täglich aufgesucht. Im Winter wird ersatzweise in Schnee gebadet. Durch den Farbwechsel ist es gut getarnt: Winterkleid bis auf schwarzen Schwanz schneeweiß. Gefährdet durch Wintersport.

Graureiher
Eischalen nach normalem Schlupf

Kennzeichen: Ziemlich regelmäßige Schalenstücke, kleine Stücke sind abgebrochen; stumpfe Kappe fehlend; Eihaut bildet nach Eintrocknen einen nach innen gerollten Wulst. Innenseite der Schalen ohne Spur von Dotter oder Eiweiß.
Vorkommen: Auf Waldboden unter oder in Nähe der Graureiherhorste.
Wissenswertes: Die meisten Vogelküken benutzen zum Ausschlüpfen ihren Eizahn, eine harte Hornspitze an der Spitze des Oberschnabels. In der Nähe der stumpfen Eikappe wird damit ein kreisförmiger Spalt gebrochen. Nach dem Schlüpfen werfen die Altvögel die Schalenreste aus dem Nest oder tragen sie weg. Um nur einmal zu fliegen, stecken manche Arten Schalenstücke ineinander.

Krähen
Geleerte Fasaneneier

Kennzeichen: Unregelmäßig geöffnet, Hackspuren; Schalenhaut ragt nicht über Schale heraus, bildet getrocknet keinen nach innen gerollten Wulst; oft noch Reste gelben Dotters oder glänzende Eiweißschicht im Ei; wenn fast ausgebrütet, auch Blutspuren.
Vorkommen: Am und um Neststandort; an freiliegender Stelle.
Wissenswertes: Bedeutendste Eiräuber neben Möwen, Krähen, Raubmöwen und fleischfressenden Säugetieren. Während Möwen nur Eier aus Bodennestern holen, plündern Krähen Boden- und Baumnester (auch eigener Artgenossen). Der beste Schutz vor Eiräubern ist das Unentdecktbleiben. Vielfach gehen dem Nestraub durch Tiere menschliche Störungen der Brutvögel voraus.

Kaulquappen
Freßgrübchen

Kennzeichen: Kleine, dellenförmige Vertiefungen im schlickig-schlammigen Gewässerboden.

Vorkommen: In vegetationsfreien Kleinstgewässern, an seichten Stellen von Stillgewässern.

Wissenswertes: Die aus dem Ei geschlüpften Larven der Amphibien verbringen bis zu ihrer „Umwandlung" in Lurche ihre Jugendentwicklung oft in arttypischen Laichgewässern (S. 90−93). Sie ernähren sich teilweise vegetarisch. Mit Hilfe mehrerer Zahnreihen im Mundfeld raspeln sie z. B. Algenbeläge von Pflanzen, Steinen oder vom Gewässergrund ab. Dabei können solche Freßgrübchen entstehen. Kaulquappen lassen sich anhand von Körpermerkmalen und Färbung bestimmen.

Regenwurm
Kriechspur

Kennzeichen: Kleine Rinnen von Regenwurmbreite in feuchtem, feinkörnigem Substrat.
Vorkommen: Auf Schlick- und Schlammflächen nach Regenfällen.
Wissenswertes: Regenwürmer leben überwiegend im Boden und spielen dort eine sehr wichtige Rolle als Zersetzer von Pflanzenteilen sowie für die Durchmischung und Belüftung des Bodens durch ihre Grabtätigkeit. Nachts holen sie Laub und Gras in ihre Gänge. Nach Starkregen verlassen sie die Erde. Beim Kriechen macht der Regenwurm seinen Körper abwechselnd lang und dünn oder kurz und dick. Von Regenwürmern ernähren sich u. a. Igel, Maulwurf, Spitzmäuse, Amsel, Weißstorch, Erdkröte und Laufkäfer.

Königslibelle
Exuvie

Kennzeichen: Leere Larvenhaut der Libellen; an senkrechten Pflanzenstengeln mit Fußkrallen verankert, etwa einen halben Meter über dem Wasserspiegel; am Rücken und Kopf aufgeplatzt.
Vorkommen: Auf Pflanzen und Steinen in Libellengewässern (fast alle Still- und Fließgewässertypen). Vom Frühjahr bis Herbst, wegen unterschiedlichen Flugzeiten der einzelnen Arten. Schlüpfen oft an ersten warmen, windstillen Tagen nach vorangegangenen Schlechtwetterperioden, meist früh morgens kurz nach Sonnenaufgang.
Wissenswertes: Mit Exuvien lassen sich Libellennachweise sicher und sehr schonend führen. Notwendig sind Larvenbestimmschlüssel und Handlupe. Exuvien halten sich, trocken aufbewahrt.

Kreuzotter
Schlangenhaut

Kennzeichen: Pergamentartige Haut, unterseits meist an mehreren Stellen aufgerissen, Rückenschuppen stark gekielt; Schwanzunterseite mit 24–46 Schildpaaren; Afterschild ungeteilt.

Vorkommen: Moore, Sumpflandschaften, Brüche, nicht zu kalte Bergwiesen mit Lesesteinhaufen; abgestreifte Häute im Frühsommer.

Wissenswertes: Das Schuppenkleid der Schlangen besteht wie bei allen Reptilien aus Horn (Keratin). Als totes Material wird es bei der Häutung erneuert. Die alte Haut hebt sich über dem neu gebildeten Schuppenkleid ab. Während Echsen sich eher fetzenweise häuten, streifen Schlangen die Haut fast geschlossen ab („Natternhemd"). Vor der Häutung haben Schlangen trübe Augen.

Mäusebussard
Fang- und Kröpfspur

Kennzeichen: Abdrücke von Handschwingen und Schwanzfedern im Schnee; zwischen den Schwingenabdrücken kleine Kuhlen mit Blutspuren, einem Stück Darm und zerstreuten Haarbüscheln als Reste einer Maus (hier Feldmaus).
Vorkommen: Nach Neuschnee in der Feldflur.
Wissenswertes: Hauptnahrung des Mäusebussards sind Kleinsäuger, meistens Feldmäuse, die er meist vom Ansitz, gelegentlich auch im Suchflug und rüttelnd (v. a. im Winter) erbeutet. Hier hat er eine Feldmaus geschlagen und an Ort und Stelle gekröpft! In schneereichen Wintern müssen sich Mäusebussarde auf ein anderes Beutespektrum wie Kleinvögel, Aas, überfahrene Tiere, Abfälle u. a. umstellen.

Turmfalke
Fangspur einer Feldmaus

Kennzeichen: Mäusespuren im Schnee, die zu einer Stelle mit Schwingenabdrücken führen; Spannweite der Schwingenabdrücke deutlich unter 1 m.
Vorkommen: Nach Neuschneefall in offener Feldflur, auch auf Freiflächen im Siedlungsbereich.
Wissenswertes: Der Turmfalke jagt vorzugsweise Kleinsäuger, vor allem Wühlmäuse, im Rüttelflug. Aus Energieersparnisgründen überwiegt im Winter die Jagd von Ansitzwarten aus. Bei Mäusemangel weicht er auf Kleinvögel aus. Luftjagd auf Vögel nur unter besonders lohnenden Bedingungen, wie z. B. zwischen Häusern. Die Spur zeigt, daß die geschlagene Feldmaus hier nur gefangen, zum Kröpfen aber weggetragen wurde.

Laubfrosch
Laich

Kennzeichen: Eier in walnußgroßen, kompakten Klümpchen an Wasserpflanzen geheftet. Pro Klümpchen etwa 10–15 Eier. Eidurchmesser 1,5–2 mm, Hüllen 3–4 mm; Eier zweifarbig: oberseits hellbraun, am unteren Pol gelblich-weiß; Embryonen hellgelb.
Vorkommen: Bevorzugt werden vegetationsreiche Laichgewässer, zum Teil auch warme, oft vegetationsarme Tümpel von Abbaustellen.
Wissenswertes: Fortpflanzungsbereite Tiere zwischen April und Juli am Gewässer. Laubfroschmännchen rufen mit ihrer großen Schallblase sehr laut und in Chören. Weibchen produziert pro Saison 200–1400 Eier; Embryonalentwicklung ist oft schon nach 2–3 Tagen abgeschlossen.

Grasfrosch
Laich

Kennzeichen: Große Laichballen mit 700–4500 Eiern, die bei ausreichender Wassertiefe auf den Grund sinken; älterer Laich schwimmt oft an Wasseroberfläche. Ei fast ganz schwarz, nur winzige Aufhellung an unterem Eipol; Eidurchmesser 1,7–2,8 mm, Hüllen 8–10 mm.
Vorkommen: In vielen verschiedenen Gewässern; neben großen Weihern und Teichen auch Kleingewässer wie Tümpel, Gräben und Pfützen.
Wissenswertes: Frühlaicher; Frühjahrswanderung zum Laichgewässer Mitte Februar und Mitte April. Weibchen werden von Partnern in Achselgegend geklammert, setzen einen bis zwei Laichballen ab. Männchen meist um Mittagszeit und in der Dämmerung im Flachwasser.

Erdkröte
Laich

Kennzeichen: Meterlange Laichschnüre, oft in größerer Zahl; um im Wasser befindliche Gegenstände wie Pflanzenteile oder Äste gespannt; 3000–8000 schwarze Eier, Eidurchmesser 1,5–2 mm, Hüllschnur 5–8 mm dick.
Vorkommen: Mittelgroße bis große stabile Gewässer; Laich vielfach in einem Gewässerabschnitt konzentriert.
Wissenswertes: Laichplatztreu; geschlechtsreife Tiere suchen zur Fortpflanzung das Gewässer auf, in dem sie sich entwickelt haben. Fortpflanzungszeit hauptsächlich März/April; bereits verpaarte Weibchen tragen Partner huckepack zum Laichgewässer. Weibchen bleiben 3–6 Tage im Wasser, Männchen oft wesentlich länger. Kaulquappen schlüpfen nach etwa 12–18 Tagen.

Wechselkröte
Laich

Kennzeichen: Eier in Laichschnüren; auf Gewässerboden liegend, auf Wasserpflanzenbeständen oder Grünalgenpolstern; Eizahl 2000–15 000, Eier braunschwarz, Eidurchmesser 1–1,5 mm, Hüllschnur 4–6 mm dick.
Vorkommen: Bevorzugt vegetationslose oder vegetationsarme Tümpel; in Abbaustellen, auch in Teichen.
Wissenswertes: Fortpflanzungsperiode abhängig von der Witterung von April bis Juni, selten Juli. Weibchen nur kurz zur Laichabgabe im Wasser. Während Paarung klammert Männchen Partnerin in Achselregion. Paarungsrufe vorwiegend nachts; weiches, melodisches Trillern. Abbaustellen, die nicht verfüllt und nicht zu Erholungszwecken genutzt werden, sind für die Art wichtig.

Register

Aaskrähe, Nest 59
Alpenschneehuhn, Badestelle 81

Biber, Damm 43
  Fraßspur 10
Bisam, Burg 42
  Fraßspur 14
Buchdrucker, Fraßspur 20
Buntspecht, Höhle 64
  Schmiede 12

Dachs, Bau 45
  Losung 31

Eichengallwespe, Galle 76
Eichhörnchen, Fraßplatz 11
  Kobel 52
Eisvogel, Brutröhre 69
Elster, Nest 53
Erdkröte, Laich 92

Feldhase, Losung 32
  Sasse 46
Fledermaus, Kot 36

Gartenkreuzspinne, Netz 73
Grasfrosch, Laich 91
Graugans, Gestüber 39
Graureiher, Eier 82
  Geschmeiß 41
  Horst 57
Grünspecht, Fraßspur 1

Habicht, Horst 55
  Rupfung 18
Haselblattroller, Fraßspur 21
Haselmaus, Nest 63
Hornisse, Nest 70

Igel, Losung 35
  Nest 50

Kaulquappen, Freßgrübchen 84
Kleiber, Höhle 65
Königslibelle, Exuvie 86
Kormoran, Horst 56
Krähen, geleerte Fasaneneier 83
Kreuzotter, Haut 87

Laubfrosch, Laich 90

Maulwurf, Bau 48

Mausohr-Fledermaus, Hangplatz 51
Mäuse, Kot 37
Mäusebussard, Fangspur 88
  Geschmeiß 40
  Gewölle 26
  Horst 54
Mehlschwalbe, Nest 66
Mönchsgrasmücke, Nest 60

Neuntöter, Gewölle 27
  Schlachtbank 16

Rauchschwalbe, Nest 67
Rebhuhn, Losung 38
  Sandbad 80
Regenwurm, Kriechspur 85
Reh, Losung 29
  Verbiß 7
Rötelmaus, Fraßspur 9
Rosengallwespe, Galle 77
Rotfuchs, Bau 44
  Losung 30
Rothirsch, Fegestelle 79
  Losung 28
  Schälung 6

Saatkrähe, Nest 58
Schaumzikade, Schaumbällchen 74
Schermaus, Haufen 49
Schleiereule, Gewölle 25
Schnecken, Fraßspur und Kot 23
Singdrossel, Nest 61
  Schmiede 15
Sperber, Rupfung 19
Sperlingskauz, Depot 17
Steinmarder, Kot 34

Tagpfauenauge, Raupenfraß 22
Traubenkirschen-Gespinstmotte, Gespinst und Kahlfraß 75
Turmfalke, Fangspur 89

Uferschwalbe, Brutröhre 68

Waldkauz, Gewölle 24
Wechselkröte, Laich 93
Wespe, Sächsische, Nest 71
Wespenspinne, Netz 72
Wildkaninchen, Bau 47
  Losung 33
  Verbiß 8
Wildschwein, Suhle 78

Zaunkönig, Nest 62

Literatur

Stichmann-Marny, U. (Hrsg.), Kretzschmar, E.: Der neue Kosmos Tier- und Pflanzenführer
Singer, D.: Die Vögel Mitteleuropas
Dreyer, E., Dreyer, W.: Der Kosmos-Waldführer
Alle Titel sind im Kosmos-Verlag, Stuttgart, erschienen.

Mit 91 Farbfotos; 1 Farbfoto von P. Zeininger (S. 74), alle übrigen von A. Limbrunner.

Umschlag von eStudio Calamar, Pau, unter Verwendung von drei Farbfotos.
Umschlagvorderseite: Rotfuchs; Umschlagrückseite: Haselnüsse, vom Eichhörnchen geöffnet (oben); altes Grasmückennest (alle Fotos von A. Limbrunner).
52 Zeichnungen von J. Ch. Rost, Stuttgart.

Bibliografische Information der Deutschen Bibliothek
Die Deutsche Bibliothek verzeichnet diese Publikation in der Deutschen Nationalbibliografie; detaillierte bibliografische Daten sind im Internet über http://dnb.ddb.de abrufbar.

Informationen senden wir Ihnen gerne zu

Bücher · Kalender · Spiele
Experimentierkästen · CDs · Videos

Natur · Garten & Zimmerpflanzen · Heimtiere · Pferde & Reiten · Astronomie · Angeln & Jagd · Eisenbahn & Nutzfahrzeuge · Kinder & Jugend

KOSMOS

Postfach 10 60 11
D-70049 Stuttgart
TELEFON +49 (0)711-2191-0
FAX +49 (0)711-2191-422
WEB www.kosmos.de
E-MAIL info@kosmos.de

Gedruckt auf chlorfrei gebleichtem Papier

2. Auflage
© 1994, 2003, Franckh-Kosmos Verlags-GmbH & Co., Stuttgart
Alle Rechte vorbehalten
ISBN 3-440-09538-X
Lektorat: Doris Engelhardt, Anne-Kathrin Janetzky
Gestaltungskonzept: Atelier Reichert
Satz: Kittelberger, Reutlingen
Reproduktion: Repro GmbH, Fellbach
Produktion: Lilo Pabel
Druck und Bindung: Printer Trento S.r.l., Trento
Printed in Italy/Imprimé en Italie

Säugetierschädel und ihre Kennzeichen

Insektenfresser

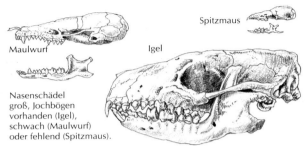

Maulwurf   Spitzmaus   Igel

Nasenschädel groß, Jochbögen vorhanden (Igel), schwach (Maulwurf) oder fehlend (Spitzmaus).

Nagetiere

Je 1 Paar große meißelartige Schneidezähne in Ober- und Unterkiefer.

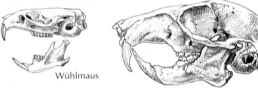

Wühlmaus   Eichhörnchen

Fledermäuse

Bezahnung an Raubtiergebiß erinnernd, spitze Eckzähne, scharfe Backenzähne.

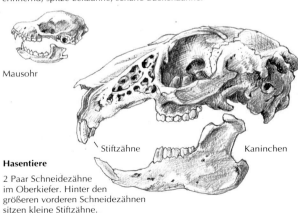

Mausohr

Stiftzähne   Kaninchen

Hasentiere

2 Paar Schneidezähne im Oberkiefer. Hinter den größeren vorderen Schneidezähnen sitzen kleine Stiftzähne.